1. Griechische Mythologie und Religion als Thema im Unterricht

Fachliche Relevanz

Religion ist kein griechisches Wort und das ist bemerkenswert. Im Unterschied zu vielen anderen Bereichen der Kultur hat die griechische Religion keine unmittelbare Fortsetzung im mittelalterlichen und neuzeitlichen Europa gefunden. Hier hat das Christentum die alte Gedankenwelt verdrängt, auch wenn einige Elemente der heidnischen Antike Eingang in den christlichen Kultus gefunden haben.

Die religiösen Vorstellungen der Griechen sind in vieler Hinsicht grundlegend anders als im Christentum. Dabei ist von hoher Bedeutung, dass die Griechen sich nicht auf heilige Bücher wie die Bibel beriefen. Dichter wie Homer und Hesiod erzählten die Geschichten von den Göttern und mussten sich dabei keineswegs an strenge Vorgaben halten, sondern besaßen einige Freiheiten bei der Gestaltung des Stoffes. Nicht zuletzt aus diesem Grund waren die Grenzen zwischen Religion und Mythos fließend.

Dennoch war die Religion im antiken Griechenland mit dem Alltagsleben verwoben. Bei vielen Handlungen wie dem Beginn der Ernte, einer Versammlung, einer Reise oder einem Kriegszug wurden Opfer für Götter gebracht. Je nach Anlass konnte man unter verschiedenen Göttern wählen, wobei viele der Götter keineswegs auf nur eine Funktion festgelegt waren, sondern oft in verschiedenen Lebensbereichen der Menschen Einfluss nehmen konnten. Zur Verdeutlichung in welcher Hinsicht man einen Gott ansprach, wurde dem Götternamen oft ein Beiwort (Epiklese) hinzugefügt. So bezeichnete Athene Polias die Beschützerin der Stadt Athen.

Es war allgemein anerkannt, dass das Schicksal der Polis vom Wohlwollen der Götter abhing. Jede Polis entwickelte eigene Kulte und Rituale, um sich der Unterstützung der Götterwelt zu versichern und die Teilnahme am Ritual wurde zum identitätsstiftenden Element für die Bürger. Anders als im Christentum war es dabei nicht wichtig, ob man wirklich an die Götter glaubte. Entscheidend war, dass das Ritual ordnungsgemäß ausgeführt wurde.

Darüber hinaus sahen die Griechen in ihren Göttern aber auch ein gemeinsames Band, das sie von anderen Völkern unterschied. Allerdings gab es auch immer wieder Ansätze fremde Götter als ausländische Versionen der griechischen Götter aufzufassen. In ähnlicher Weise haben die Römer die griechischen Gottheiten mit ihren Göttern in Verbindung gebracht, wobei es zu vielen Übernahmen aus der griechischen Götterwelt in die römische kam. Griechische Religion und Mythologie sind daher eine zentrale Kategorie zum Verständnis der griechischen und der römischen Kultur.

Didaktische Überlegungen

Auch wenn die griechischen Göttervorstellungen die modernen Religionen kaum beeinflusst haben, sind sie doch für die europäische Kultur von großer Bedeutung. Aus der Literatur, Kunst und Wissenschaft Europas sind die Bezüge zur griechischen Religion und Mythologie kaum wegzudenken. Einige Redewendungen oder Begriffe der Alltagssprache, wie die Odyssee oder der Computertrojaner, haben ihren Ursprung dort. Wirtschaftsunternehmen wie Hermes bedienen sich bei der Namensfindung gern bei griechischen Göttern oder Helden. Kinder und Jugendliche begegnen antiken Mythen auch in populären Comics (Donald Duck) oder Filmen (Troja, Percy Jackson).

Wie groß das gesellschaftliche Interesse an antiken Mythen im 21. Jahrhundert noch ist, zeigt zudem die bemerkenswerte Resonanz, die Forschungskontroversen zum Thema Troja (Manfred Korfmann oder Raoul Schrott) in der Öffentlichkeit jüngst erhielten. Regelmäßig wird das Thema in den Medien aufgegriffen. Die griechische Mythologie gehört damit zu den Basisnarrativen der deutschen Gesellschaft, das heißt zu jenen Erzählungen, deren Kenntnis zur Teilnahme am gesellschaftlichen Diskurs notwendig ist.

Die griechische Religion ist in den letzten Jahren aber auch als Sinnzusammenhang von Gegenwart und Vergangenheit (Klaus Bergmann) wieder wichtiger geworden, denn Religion hat in der deutschen Gesellschaft in den letzten Jahren deutlich an Bedeutung gewonnen. Daher ist es wichtig, wieder verstärkt darüber nachzudenken, was Religionen ausmachen und wie ihr Verhältnis zur Gesellschaft gestaltet werden kann. Die griechische Religion zeigt dabei, dass ganz andere Zugänge möglich sind, als sie die monotheistischen Religionen praktizieren, die den Diskurs in Deutschland prägen. Unter anderem rückt so wieder mehr ins Bewusstsein, dass universalistischer Anspruch und Missionsgedanke keineswegs notwendige Wesenszüge von Religionen sind. Die Beschäftigung mit der griechischen Religion ist daher auch geeignet, die Vielfalt und Flexibilität der menschlichen Religiosität zu demonstrieren und so ein Toleranzdenken zu befördern.

2. Die griechischen Götter

M1 Göttervorstellungen bei den Griechen

Die Griechen stellten sich ihre Götter fast wie Menschen vor. Im Unterschied zu den Menschen waren die Götter unsterblich und besaßen besondere Fähigkeiten. Sie verhielten sich aber manchmal auch wie Menschen. Sie verliebten sich, gerieten in Streit miteinander und konnten auch lügen und töten. Meist waren sie auf Griechenlands höchstem Berg, dem Olymp, aber sie reisten auch in der Welt umher und griffen in das Leben der Menschen ein. Neben den Hauptgöttern vom Olymp hatten die Griechen aber noch viele weitere Götter. Sie waren nicht so mächtig wie die Olympier, konnten aber großen Einfluss auf das Leben der Menschen nehmen.

Verfassertext

Steckbriefe

Name: Zeus
Eigenschaften: Göttervater, Gott des Himmels und der Blitze
Erkennungszeichen: Blitze, Adler, Thron

Name: Poseidon
Eigenschaften: Gott des Meeres
Erkennungszeichen: Dreizack

Name: Hades
Eigenschaften: Gott der Unterwelt, wohnt unter der Erde
Erkennungszeichen: Höllenhund mit drei Köpfen, Zweizack

Name: Hephaistos
Eigenschaften: Gott der Schmiedekunst und des Feuers
Erkennungszeichen: Hammer, Zange

Name: Aphrodite
Eigenschaften: Göttin der Liebe und Schönheit
Erkennungszeichen: schönste Göttin (nur wenig bekleidet), Spiegel, als Begleiter den Liebesgott Eros in der Gestalt eines kleinen Jungen

Name: Athene
Eigenschaften: Fördert Wissenschaft und Künste, kann auch im Krieg kämpfen, wird in Athen besonders verehrt
Erkennungszeichen: Eule, Helm, Schild

Name: Artemis
Eigenschaften: Göttin der Jagd
Erkennungszeichen: Pfeile und Bogen, Rehbock

Name: Ares
Eigenschaften: Kriegsgott
Erkennungszeichen: Rüstung, Schild, Lanze

Name: Hermes
Eigenschaften: Götterbote, Glücksbote
Erkennungszeichen: Helm und Schuhe mit Flügeln

Name: Hera
Eigenschaften: Ehefrau des Zeus, Beschützerin der Ehe und der Frauen
Erkennungszeichen: Zepter, Diadem

Name: Apollon
Eigenschaften: Gott der schönen Künste, des Wissens und des Lichts
Erkennungszeichen: Pfeil und Bogen, Leier, Lorbeerkranz

Name: Dionysos
Eigenschaften: Gott des Weines, Feste
Erkennungszeichen: Weintrauben, Kelch, Schale

Name: Demeter
Eigenschaften: Erdgöttin, Beschützerin des Ackerbaus
Erkennungszeichen: Getreideähren (auch als Kranz oder Krone), Fackel

Name: Hestia
Eigenschaften: Göttin des Herdfeuers (im Zentrum des Hauses)
Erkennungszeichen: Altar mit Feuer, Opferschale

M3 Zeichnungen der Götter mit Erkennungszeichen

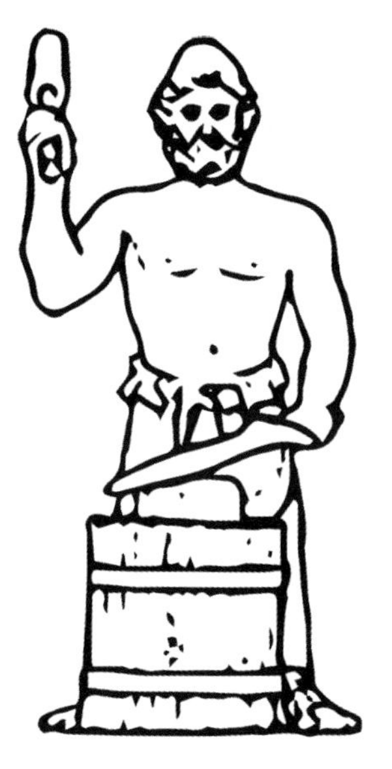

1 Ordne die Bilder den Göttern zu und erkläre, woran man sie erkennen kann.

2 Male die Bilder der Götter farbig aus, denn auch die Griechen haben die Statuen ihrer Götter farbig bemalt.

M4a Ein neuer Tempel – aber für wen?

In Korinth in Griechenland wollen die Bürger einen neuen Tempel bauen. Auf dem Olymp überlegen die Götter, wer den Tempel am meisten verdient hätte. Der Göttervater ________________ meint, dass er gern den Tempel hätte. Aber seine Gattin Hera ist noch böse auf ihn, weil er untreu gewesen ist. Als Göttin der ________________ findet sie das Verhalten von Zeus besonders unerhört und unterstützt den Bruder von Zeus, ________________, den Gott des Meeres. Doch ________________, die Stadtgöttin Athens, möchte auch in Korinth verehrt werden. ________________, die Göttin der Schönheit, beschwichtigt sie, schließlich besäße sie bereits einen schönen Tempel in Athen. Schließlich einigt man sich auf Apollon, der die andern mit einem schönen Lied auf seiner ________________ verzaubert hat. Hermes, der ________________, soll den Korinthern die Nachricht, wem der Tempel gewidmet sein soll, verkünden. Hephaistos, der Gott der Schmiedekunst und des ________________, möchte ein großes Feuer zur Feier der Tempeleröffnung entzünden. ________________, die Göttin der Jagd, macht sich mit Pfeil und Bogen auf die Jagd, um für das Essen des Festes zu sorgen. Währenddessen sorgt Demeter, die Göttin des ________________, für eine gute Ernte auf den Feldern. ________________, der Gott des Krieges, soll nicht eingeladen werden, denn er ist bei vielen Göttern unbeliebt und soll das Fest nicht verderben. Mit ________________ in der Unterwelt spricht sowieso niemand gern.

Verfassertext

M5a Gebiet der Griechen

1. Fülle die Lücken im Text mit folgenden Begriffen: Götterbote, Athene, Leier, Ehe, Poseidon, Ares, Ackerbau, Aphrodite, Artemis, Feuer, Zeus, Hades.
2. Informiere dich über die Lage folgender Orte und zeichne sie auf der Karte ein. Die schwarzen Quadrate geben dir eine Hilfestellung: Athen, Knossos, Korinth, Marathon, Milet, Olympia, Pergamon, Sparte, Theben, Troja (Ilion).

M4b *Für Experten*: Ein neuer Tempel – aber für wen?

In Korinth in Griechenland wollen die Bürger einen neuen Tempel bauen. Auf dem Olymp überlegen die Götter, wer den Tempel am meisten verdient hätte. Der Göttervater ______________ meint, dass er gern den Tempel hätte. Da könnte auch eine schöne neue Statue von ihm mit einem ______________ und ______________ aufgestellt werden. Aber seine Gattin Hera ist noch böse auf ihn, weil er untreu gewesen ist. Fast fällt vor Zorn ihr ______________ auf den Boden. Als Göttin der ______________ findet sie das Verhalten von Zeus besonders unerhört und unterstützt den Bruder von Zeus, ______________, den Gott des Meeres. Doch ______________, die Stadtgöttin Athens, möchte auch in Korinth verehrt werden. ______________, die Göttin der Schönheit, beschwichtigt sie, schließlich besäße sie bereits einen schönen Tempel in Athen. Verträumt blickt Aphrodite in ihren ______________ und stellt sich schon vor, wie hübsch ihre neue Statue in dem neuen Tempel ausschauen könnte. Schließlich einigt man sich auf Apollon, der die andern mit einem schönen Lied auf seiner ______________ verzaubert hat. Hermes, der ______________, soll den Korinthern die Nachricht, wem der Tempel gewidmet sein soll, verkünden. Mit seinen Schuhen mit ______________ macht er sich auf den Weg. Die Korinther freuen sich, denn nun wird Apollon bestimmt auch die ______________ in der Stadt fördern. Hephaistos, der Gott der Schmiedekunst und des ______________, möchte ein großes Feuer zur Feier der Tempeleröffnung entzünden. ______________, die Göttin der Jagd, macht sich mit Pfeil und Bogen auf die Jagd, um für das Essen des Festes zu sorgen. Währenddessen sorgt Demeter, die Göttin des ______________, für eine gute Ernte auf den Feldern. ______________, der Gott der schönen Künste, möchte für die passende musikalische Untermalung sorgen. ______________, der Gott des Krieges, soll nicht eingeladen werden, denn er ist bei vielen Göttern unbeliebt und soll das Fest nicht verderben. Mit ______________ in der Unterwelt spricht sowieso niemand gern.

Verfassertext

M5b *Für Experten:* Gebiet der Griechen

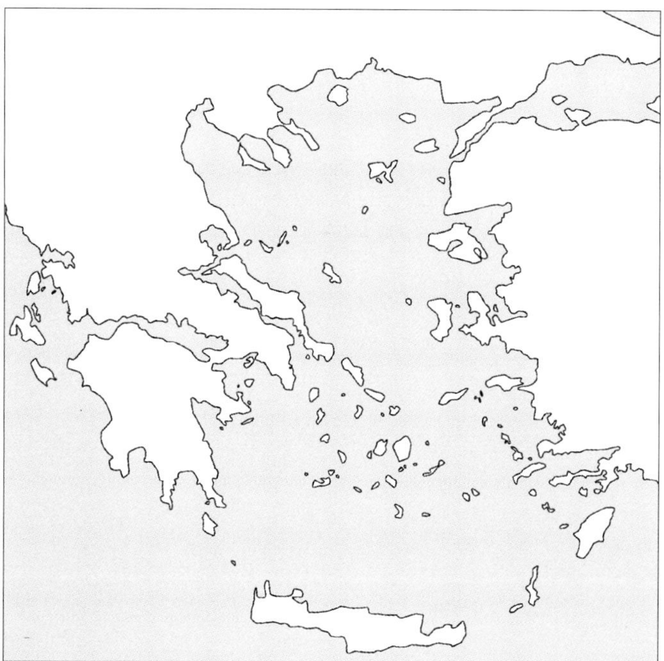

1. Fülle die Lücken im Text mit folgenden Begriffen: Diadem, Adler, Götterbote, Spiegel, Apollon, Athene, Leier, Ehe, Poseidon, Blitzen, Ares, Ackerbau, schönen Künste, Aphrodite, Flügel, Artemis, Feuer, Apollon, Zeus, Hades.
2. Informiere dich über die Lage folgender Orte und zeichne sie auf der Karte ein: Athen, Knossos, Korinth, Marathon, Milet, Olympia, Pergamon, Sparte, Theben, Troja (Ilion).

M6 Die Geschichte von Zeus und Europa

Eines Tages hatte Zeus sich in Europa, die Tochter des Phönizierkönigs* Agenor, verliebt. Doch wie sollte er an dieses Mädchen, das am Strand mit ihren Freundinnen spielte, herankommen [...]. Er beauftragte [...] Hermes [...] damit eine weiße Rinderherde an diesen Strand zu treiben. Und schreckte [...] nicht davor zurück, seine ganzen Herrschaftszeichen abzulegen und die Gestalt eines weißen Stieres anzunehmen. [...] Er zog Europas bewundernde Blicke auf sich. Zunächst zurückhaltend und erstaunt über dieses ungemein friedliche Exemplar von Stier näherte sich das Mädchen ihm dann doch und hielt ihm Blumen an sein Maul. Ihr Zutrauen wurde schließlich so groß, dass sie seine Brust streichelte und seine Hörner mit Blumengirlanden schmückte. Als sie es dann noch wagte, sich auf den Rücken des Stieres zu setzen, war die Stunde des Zeus gekommen. Schritt für Schritt entfernte er sich allmählich mit dem Mädchen auf dem Rücken vom Strand in das Wasser. Dann zeigte er sein wahres Gesicht als Räuber und trug seine Beute über das Meer zu der Insel Kreta. Dort zeugte der mächtige Gott mit der Tochter des mächtigen phönizischen Königs drei mächtige Söhne Minos, Sarpedon und Rhadamanthys, und legte damit den Grundstein für das heutige Europa.

Rüpke, Jörg/Rüpke, Ulrike: Götter und Mythen der Antike. Die 101 wichtigsten Fragen, München, Verlag C.H. Beck, 2010, S. 87f.

* Phönizier: Volk, das in der Antike im heutigen Libanon und Israel lebte.

M7 Münze aus Griechenland, 2002

M8 Karikatur von Klaus Stuttmann, 2016

1. Erzähle wie die Königstochter Europa nach Kreta kam.
2. Erkläre, warum auf einer Euromünze eine junge Frau auf einem Stier reitet.
3. Erkläre die Bedeutung des Stiers in der Karikatur.

M9 Der Ursprung der griechischen Götter nach Ansicht der antiken Griechen

Am Anfang der Entstehung der Welt steht in der Vorstellung der Griechen das Chaos, der [...] unermessliche Weltraum. Unter den ersten Göttern, die aus dem Chaos hervorgegangen sind, befindet sich Gaia, die Göttin der Erde. Aus eigener Kraft brachte sie neben vielen anderen Kindern ihren Sohn Uranos (Himmel) hervor. Aus Inzest mit Uranos ging dann eine Reihe sehr starker und riesiger Kinder hervor: Die Titanen und Titaninnen, darunter Kronos und Rhea. Ferner die drei hinterlistigen Kyklopen [...]. Sie hießen Kyklopen (Kreisaugen), weil sie ein Auge besaßen, dass mitten auf der Stirn saß. Schließlich die Riesen [...].

Vater Uranos war dieser gesamte Nachwuchs ein Gräuel, sobald dieser auch nur das Licht der Welt erblickt hatte. Denn er fürchtete um seine Alleinherrschaft. [...] Furcht ergriff die Kinder. Keines wagte sich gegen den mächtigen Vater aufzulehnen [...] außer Kronos. Er [...] mähte [...] kurzerhand die Geschlechtsteile seines Vaters ab und warf sie hinter sich. [...] Plötzlich bildete sich weißer Schaum aus dem unsterblichen Fleisch des Gliedes. Daraus entstieg ein Mädchen, [...]. Es war die Liebesgöttin Aphrodite, [...].

Inzwischen hatte der riesige Kronos seine Schwester Rhea geheiratet und mir ihr sechs Kinder gezeugt: Hestia, Demeter, Hera, Hades, Poseidon und Zeus. Aus Angst vor der Prophezeiung [...], dass einer seiner Söhne einst mächtiger als er sein würde [...] fackelte er nicht lange und verschlang den kompletten Nachwuchs jeweils unmittelbar nach der Geburt. Nur Zeus [...] konnte gerettet werden. Statt Zeus drückte Rhea Kronos unbemerkt einen in Windeln gewickelten Stein in die Hände, den dieser sogleich verschlang. Als Zeus erwachsen war, rächte er sich an seinem Vater. Mit List und Gewalt zwang er ihn, alles Verschlungene wieder von sich zu geben. Außerdem befreite Zeus seine Onkel – die Titanen, Kyklopen und [...] Riesen [...]. Aus Dankbarkeit schenkten sie ihrem Neffen Donner, Blitz und Wetterstrahl, [...]. Gestützt auf diese Instrumente der Macht wurde Zeus zum Herrscher über die Menschen und unsterblichen Götter.

Rüpke, Jörg/Rüpke, Ulrike: Götter und Mythen der Antike. Die 101 wichtigsten Fragen, München 2010, Verlag C.H. Beck, S. 84-86.

M10 Der Ursprung der Götter nach Ansicht der modernen Forschung

Der Archäologe Raimund Wünsche sagte dazu in einem Interview für die Zeitschrift Spiegel:

Wünsche: Es ist sicher am wahrscheinlichsten, dass Naturvorgänge am Anfang standen, aber darüber können wir nur spekulieren. Gewiss: Zeus sammelt die Wolken, und Poseidon regiert den Ozean. Viel eigenartiger ist, dass schon in der Frühzeit die Götter mit allen menschlichen Eigenschaften auftreten. Unsterblich sind sie und fast alle ewig jung und schön. Zudem stellen sie die zweite oder gar dritte Generation dar. Kronos entmannt seinen Vater Uranos, sein Sohn Zeus kommt nur durch List mit dem Leben davon.

Spiegel: Und putscht sich dann auf den Thron des Weltherrschers.

Wünsche: Allerdings. Solche Ursprungsgeschichten, auch die von der Erdmutter Gaia oder dem Chaos, bewahren natürlich die Frühphasen der Religion. Die Olympier sind das bessere Geschlecht. [...]

Spiegel: Wäre der Olymp ohne Vorbilder – besonders aus dem Osten denkbar?

Wünsche: Kaum. Der Blick an den Sternenhimmel war sicher aus Mesopotamien vorgeprägt und auch sonst gab es reichlich Götter-Parallelen im Osten. [...].

Saltzwedel, Johannes: „Du musst Stiere opfern". Gespräch mit Raimund Wünsche, in: Götter, Helden, Denker, SPIEGEL SPECIAL Geschichte 2/2008, S. 46.

copy

1. Beschreibe, wie die Griechen sich die Entstehung der Götterwelt vorstellten.
2. Erkläre, wie Zeus mit den anderen Göttern verwandt ist.
3. Nenne die Ursprünge griechischer Gottheiten nach den Erkenntnissen der modernen Wissenschaft.

3. Herakles und die Amazonen

M1 Abenteuer des Herakles

Zeus liebte auch menschliche Frauen und aus solchen Verbindungen gingen einige Kinder hervor. Die Nachkommen von Göttern mit menschlichen Partnern waren nicht unsterblich wie die Götter, hatten aber oft besondere Fähigkeiten. Ein Sohn des Zeus von einer menschlichen Mutter war Herakles, den die Römer Herkules nannten. Der griechische Name bedeutet: der durch Hera Berühmte. Hera war als Gattin des Zeus nämlich nicht erfreut über die Seitensprünge ihres Mannes mit menschlichen Frauen und versuchte, den Nachkommen zu schaden. Bei Herakles scheiterte sie jedoch immer wieder, da er außerordentlich stark war. Die vielen von Hera herbeigeführten gefahrvollen Abenteuer aber machten Herakles eben durch Hera berühmt.

Einen berühmten Kampf musste Herakles gegen einen Löwen bestehen. Dieser Löwe lebte in der Umgebung der Stadt Nemea und plagte die Menschen der ganzen Region. Er fraß die Tiere auf den Weiden und tötete auch Menschen, wenn sie ihm zu nahe kamen. Niemanden war es gelungen, das Tier unschädlich zu machen, da das Fell dieses Löwen mit Waffen nicht verletzt werden konnte. Herakles schnitzte sich aus einem Olivenbaum eine Keule, aber auch sie blieb ohne Wirkung auf den Löwen. Schließlich konnte Herakles den Löwen töten, indem er ihn am Hals packte und erwürgte. Aus dem Fell des Löwen machte sich Herakles eine Rüstung und die Keule blieb seine Lieblingswaffe.

Ein weiteres Abenteuer erlebte Herakles im Kampf mit den Amazonen. Diese waren ein Volk von Frauen, die gefürchtete Kriegerinnen waren. Ihre Königin Hippolyte war eine Tochter des Kriegsgottes Ares und einer menschlichen Mutter. Hippolyte trug einen prächtigen Gürtel, den ihr ihr Vater geschenkt hatte. Herakles musste für den König von Argos zwölf Aufgaben erledigen und dabei war auch der Auftrag, diesen Gürtel zu beschaffen. Da ein Kampf mit den Amazonen selbst einen Herakles allein überfordert hätte, sammelte Herakles weitere Helden um sich und gemeinsam gelang es ihnen, den Gürtel zu holen.

Da Herakles so viele Kämpfe tapfer bestanden hatte, holte ihn Zeus schließlich auf den Olymp und verlieh ihm die Unsterblichkeit. Damit wurde Herakles vom Helden zum Gott.

Verfassertext

M2 Wasserkrug aus Athen, ca. 530 v. Chr.

1. Suche dir eine Gottheit aus, die dich besonders interessiert, und halte über sie ein Kurzreferat in der Klasse.
2. Erkläre, wie Herakles zu seinem Namen kam.
3. Erzähle mit eigenen Worten das Abenteuer des Herakles in Nemea.
4. Begründe, warum die Beschaffung des Gürtels der Hippolyte eine so schwierige Aufgabe war.
5. Suche auf dem Vasenbild (M2) Herakles und erkläre, woran man ihn erkennen kann.
6. Beschreibe auf dem Vasenbild den Gegner von Herakles. Erkläre seine Erscheinung.

4. Der Trojanische Krieg

M1 Aus den Sagen über den Kampf um Troja

Einst feierten die Götter ein rauschendes Fest. Nicht eingeladen hatten sie aber die Göttin Eris. Diese wollte sich rächen und die anderen Götter gegeneinander aufhetzen. Noch auf dem Fest warf sie einen goldenen Apfel in die Menge der feiernden Götter. Auf dem Apfel war eine Inschrift zu lesen: „Der Schönsten". Aphrodite, aber auch Hera und Athene meinten, die Schönste zu sein und deswegen den Apfel bekommen zu müssen. Weil sie sich bald heftig stritten, regte Zeus an, dass ein unbeteiligter Mensch die Streitfrage entscheiden sollte. So führte Hermes die drei Göttinnen zu Paris, dem Sohn des Königs von Troja. Paris hütete gerade die Tiere seines Vater, als die Göttinen zu ihm kamen. Alle drei versprachen Paris reichen Lohn, wenn er sich für sie entscheiden sollte. Paris gab den Apfel an Aphrodite, die ihm die schönste Frau der Menschen versprochen hatte.

Um seinen versprochenen Lohn zu bekommen, reiste Paris zum König Menelaos in Sparta, denn dessen Frau Helena war die Schönste aller Menschen. Mit Hilfe der Aphrodite entführte Paris Helena nach Troja. Menelaos aber war darüber sehr zornig und wollte Helena zurückbekommen. Da sich die Trojaner weigerten, Helena herauszugeben, kam es zum Krieg. Viele andere Könige aus Griechenland schlossen sich dem Kampfe gegen Troja an und auch die Göttinnen Hera und Athene wollten die Gelegenheit nutzen, um sich an Paris und Aphrodite zu rächen. Apoll und Artemis aber halfen den Trojanern. Da Apoll ihm half, konnte Paris unter anderem Achill, den besten Kämpfer der Griechen, töten. Der Gott lenkte den Pfeil des Paris in die Ferse von Achill, die einzige verletzliche Stelle des ansonsten unverwundbaren Körpers von Achill. Beide Heere und ihre göttlichen Verbündeten waren fast gleichstark, so dass sich die Kämpfe über zehn Jahre hinzogen.

Schließlich gab Athene dem Griechen Odysseus den Tipp, die Trojaner mit einem hölzernen Pferd zu überlisten. Odysseus ließ dafür ein großes Pferd aus Holz bauen, in dem sich griechische Soldaten versteckten. Dann taten die übrigen Griechen so, als ob sie abziehen würden und das hölzerne Pferd als Opfergabe für Athene zurückgelassen hätten. Die Trojaner feierten nun ihren Sieg und zogen das Pferd in die Stadt. In der Nacht aber kehrte das griechische Heer zurück und die Männer aus dem Pferd öffneten die Tore. So konnten die Griechen Troja erobern und die Stadt zerstören.

Verfassertext

M2 Kampf um Troja

Vase (Pelike) des Niobidenmalers, attisch, ca. 460 v. Chr., Kunstsammlungen der Ruhruniversität Bochum, Zeichnung von Isabel Steinbach.

1. Erkläre die Bedeutung von Göttern für den Ausbruch des Krieges um Troja.
2. Beschreibe, wie die Griechen Troja erobern konnten.
3. Beschreibe das Vasenbild und erkläre, was zu sehen ist.
4. In der Computertechnologie spricht man auch von Trojanischen Pferden, kurz auch „Trojanern". Erkläre, was das ist, und diskutiere, ob der Name passend ist.
5. Recherchiere, was eine Achillesferse ist.

M3 Gemälde von Enrique Simonet, 1904

M4 Gemälde von Giovanni Domenico Tiepolo, 18. Jh., National Gallery, London

1. Beschreibe das Gemälde M3. Erzähle, welche Geschichte hier dargestellt ist.
2. Beschreibe das Gemälde M4. Erzähle, wie die Geschichte weitergeht.
3. Nenne die Jahre, in denen die Gemälde M3 und M4 entstanden sind, und überlege, was daran über das Interesse der Neuzeit am Trojanischen Krieg zu erkennen ist.

M5 Die Fahrten des Odysseus

Beim Kampf vor Troja war Odysseus einer der wichtigsten Kämpfer auf der Seite der Griechen. Dabei kämpfte er nicht nur mit Muskelkraft, sondern auch mit seinem klugen Kopf. Vor allem die Idee mit dem hölzernen Pferd zeigt, wie sehr die Griechen auch von der Intelligenz des Odysseus profitierten.

Da Odysseus König von Ithaka war, wollte er nach der Zerstörung Trojas mit seinen Gefährten dorthin zurückkehren. Die Heimfahrt sollte aber zu einer Irrfahrt werden und zehn Jahre dauern. Nach einigen Abenteuern erreichten die Schiffe von Odysseus und seinen Männern die Insel der Kyklopen. Das waren Riesen mit nur einem Auge. Odysseus und zwölf seiner Gefährten gerieten in die Gefangenschaft des Kyklopen Polyphem. Er sperrte die Griechen in seiner Höhle ein und fraß einige von ihnen. Odysseus gelang es aber, den Polyphem zum übermäßigen Trinken von Wein zu verleiten und dem Betrunkenen eine Lanze in das einzige Auge zu stechen. Die Griechen konnten Polyphem entkommen, aber dessen Vater Poseidon setzte nun alles daran, die Heimkehr des Odysseus zu verhindern. Zum Glück stand die Göttin Athene auf der Seite von Odysseus und half ihm nach Kräften.

Auch vom Windgott Aiolos erhielt Odysseus ein wertvolles Geschenk, das er aber seinen Gefährten nicht erklären durfte. In einem Sack hatte Aiolos alle Winde außer dem günstigen Westwind gefangen. Dieser Wind führte die Schiffe bis in die Nähe von Ithaka. Nun aber schlief Odysseus ein und seine Gefährten dachten, dass in dem Sack von Aiolos Gold und Silber seien. Sie öffneten den Sack und befreiten so alle Winde. Sie erfassten die Schiffe und trieben sie in weit entfernte Länder. Bei der Insel der Laistrygonen erlebten die Griechen eine böse Überraschung. Die Laistrygonen waren Riesen und warfen mit Steinen nach den Schiffen. Nur das Schiff mit Odysseus konnte entkommen.

Odysseus war aber auch neugierig und wollte neue Entdeckungen machen. Als sich das Schiff der Insel der Sirenen näherte, befahl Odysseus seinen Gefährten, mit Wachs ihre Ohren zu verschließen. Ihn aber sollten die Männer an den Mast binden und keinen seiner Befehle befolgen, bis sie wieder weit von den Sirenen entfernt sind. Die Sirenen waren nämlich Geister, die wunderbar singen konnten. So lockten sie Seefahrer an, um sie zu töten. Odysseus war nun der einzige Mensch, der ihren herrlichen Gesang gehört hatte und noch davon erzählen konnte.

Am Ende der Irrfahrt hatte Odysseus alle seine Gefährten verloren und schlich sich als Bettler verkleidet in seine Burg auf Ithaka. Er fürchtete, von den Männern getötet zu werden, die seine Frau Penelope heiraten und sich so zum König von Ithaka machen wollten. Mithilfe der Athene konnte er sich aber seiner Nebenbuhler entledigen und nach zehn Jahren vor Troja und zehn Jahren Irrfahrt endlich wieder seine Penelope umarmen.

Verfassertext

M6 Odysseus und die Sirenen

Bild von einer attischen Vase, ca. 475 v. Chr.

1. Erstelle eine Liste der Abenteuer des Odysseus im Text.
2. Begründe, warum gerade die Feindschaft des Poseidon für Odysseus so hinderlich war.
3. In der deutschen Sprache gibt es das Wort „Odyssee". Finde seine Bedeutung heraus.
4. Erkläre das Vasenbild

M7 Homer erzählt ein Abenteuer des Odysseus

Es ist nicht bekannt, wann die Geschichten vom Kampf um Troja und den Abenteuern des Odysseus entstanden sind. Sie wurden von fahrenden Sängern mündlich vorgetragen. Die erste schriftliche Fassung erstellte im 8. Jahrhundert v. Chr. ein Dichter namens Homer. In der Ilias beschrieb er den Kampf vor Troja und in der Odyssee die Irrfahrten des Odysseus. Auch über Homer ist kaum etwas bekannt, sodass sogar einige Forscher annehmen, dass es ihn gar nicht gegeben hat oder der Dichter der Ilias nicht mit dem Dichter der Odyssee identisch sei. Dennoch gehen die meisten Forscher bis heute davon aus, dass ein Homer diese beiden Werke verfasst hat.

Unten findest du einige Originalzitate aus Homers Schriften, allerdings ist das Manuskript zerrissen worden und muss wieder zusammengesetzt werden.

Odysseus bei den Lotophagen

A

Die aber gingen alsbald dahin und mischten sich unter die Lotophagenmänner. Und es planten die Lotophagen gegen unsere Gefährten kein Verbrechen, sondern gaben ihnen zu essen von dem Lotos. Und wer von ihnen die honigsüße Frucht des Lotos aß, der wollte nicht mehr zurück Meldung bringen noch heimkehren, sondern an Ort und Stelle wollten sie unter den Lotophagenmännern den Lotos rupfen und bleiben und die Heimkehr vergessen.

B

Von da an wurde ich neun Tage von bösen Winden über das fischreiche Meer getragen, jedoch am zehnten liefen wir am Land der Lotophagen an. Dort stiegen wir auf das feste Land und schöpften uns Wasser, und alsbald nahmen die Gefährten das Mahl bei den schnellen Schiffen. Als sie Speise und Trank genossen hatten, da schickte ich die Gefährten aus, um hinzugehen und zu erkunden, welches die Männer seien, die in dem Lande das Brot äßen.

C

Diese Gefährten führte ich mit Gewalt den Schiffen zu und zog sie in den Schiffen unter die Deckbalken und band sie. Aber die anderen geschätzten Gefährten trieb ich, dass sie sich eilen und die schnellen Schiffe besteigen sollten, damit keiner auf irgendeine Weise von dem Lotos äße und der Heimkehr vergäße. Und sie stiegen alsbald ein und setzten sich auf die Ruderbänke, und als sie sich der Reihe nach gesetzt, schlugen sie die graue Salzflut mit den Riemen.

Homer, Odyssee, 9, 82-110; Übersetzung: Homer, Die Odyssee, übersetzt von Schadewaldt, Reinbek bei Hamburg 1958, S. 149

1. Finde heraus, in welcher Reihenfolge die Abschnitte gelesen werden müssen.
2. Die Geschichte von Odysseus und den Lotophagen ist auch eine Geschichte, aus der man lernen soll. Diskutiert, welche Lehre man aus der Geschichte ziehen könnte.
3. In dem amerikanischen Film „Percy Jackson – Diebe auf dem Olymp" wurde auch die Geschichte der Lotophagen eingebaut. Informiere Dich über den Film und finde heraus, wo die Lotophagen vorkommen. Überlege, ob die Lotophagengeschichte bei Percy Jackson eine ähnliche Lehre vermittelt wie die Geschichte bei Homer.
4. Homer hatte seine Werke in Versen verfasst. Unser Übersetzer hat daraus eine Prosaübersetzung gemacht. Nenne Vor- und Nachteile dieses Vorgehens.

M8 Über das Ende Trojas

In dem Werk Ilias des Dichters Homer aus dem 8. Jh. v. Chr. findet sich folgender Abschnitt: Ein Sänger berichtet über das Trojanische Pferd:

Singe das Lied von dem hölzernen Pferde, das Epeios gemacht hat mit Hilfe der Athene, das Odysseus als eine List auf die obere Stadt geführt, nachdem er es mit Männern angefüllt, die Ilion* vernichtet haben. [...]

Und dieser [Sänger] [...] setzte dort ein, wie die einen auf die gut verdeckten Schiffe stiegen und davon fuhren [...] die anderen um den hoch berühmten Odysseus aber schon verborgen in dem Pferde auf dem Markt der Trojaner saßen. Denn selber hatte es die Trojaner auf die obere Stadt hinaufgezogen. Dort stand es nun. [...] Und er sang, wie die Söhne der Griechen sich aus dem Pferd ergossen und die Stadt zerstörten.

Homer, Odyssee, 8, 492-515; Übersetzung: Homer, Die Odyssee, übersetzt von Schadewaldt, Reinbek bei Hamburg 1958, S. 142

* Die Griechen nannten Troja auch Illios oder Illion.

M9 Nicht jeder erzählt die gleiche Geschichte

In der Antike hat nicht nur Homer die Geschichte vom Kampf um Troja erzählt. Auch viele andere Dichter und Schriftsteller haben nach ihm Geschichten zu diesem Thema aufgeschrieben. Sie haben zum Teil neue Handlungen hinzugefügt, aber auch bei Homer bereits vorhandene Ereignisse verändert. So sind wie bei anderen Themen aus der Welt der griechischen Götter und Helden verschiedene Versionen entstanden. Der griechische Autor Palaiphatos schrieb im 4. Jh. v. Chr. zum Trojanischen Pferd:

Man sagt, dass die Griechen, die als Helden in dem hohlen hölzernen Pferd waren, Troja niederwarfen. Allzu mythenhaft ist diese Sage. Die Wahrheit ist vielmehr folgende: Sie bauten ein hölzernes Pferd mit Rücksicht auf das Maß der Tore, damit es nicht hineingezogen werden und so in die Stadt kommen könne. [...] Die Troer reißen die Mauer ab und führen das Pferd hinein. Gerade als sie feiern, fallen die Hellenen durch das Mauerstück ein, das jene abgerissen hatten – und so wurde Troja eingenommen.

Palaiphatos, Unglaubliche Geschichten, 16, Übersetzung: Die Wahrheit über die griechischen Mythen. Palaiphatos' „Unglaubliche Geschichten", hg. von Kai Brodersen, Stuttgart 2002, S. 55

M10 Keramikgefäß (Pithos) mit dem trojanischen Pferd

1961 in Mykonos gefunden und seitdem im dortigen archäologischen Museum, bekannt als Pithos von Mykonos (oder „Mykonos-Vase"), mit der frühesten bekannten Darstellung des Trojanischen Pferdes (ca. 670 v. Chr.):

Foto: Travelling Runes, CC BY-SA 2.0

1. Nenne Gemeinsamkeiten und Unterschiede der beiden Berichte über die Eroberung Trojas.
2. Ordne das griechische Relief (M8) einer der beiden Versionen zu.
3. Diskutiert, was die Möglichkeit, die Geschichten über Götter und Helden verschieden zu erzählen, über das Verhältnis der Griechen zu ihren Göttergeschichten aussagt.

M11 Gab es Troja wirklich?

Die Griechen waren fest davon überzeugt, dass der Krieg um Troja ein historisches Ereignis war. Zum alten Troja gehörten ihrer Ansicht nach die Ruinen bei dem Ort Ilion an der Westküste der heutigen Türkei. Wer dorthin reiste, konnte einiges besichtigen, von dem die Einwohner Ilions sagten, dass es aus dem Trojanischen Krieg stamme.

Ein berühmter Besucher war Alexander der Große, der zu Beginn seines Feldzuges gegen das Perserreich 334 v. Chr. Ilion besuchte. Den Hügel, von dem man sagte, dass er das Grab des Achill sei, salbte Alexander mit Öl und rannte, wie es der Brauch war, mit seinen Gefährten nackt hinauf. Dies berichtet der antike Schriftsteller Plutarch (Biographie des Alexander, Kapitel 15). Auch in römischer Zeit kamen noch viele Besucher nach Illion.

Als aber das Christentum aufkam, glaubte niemand mehr an Zeus und die anderen griechischen Götter. Der Kampf um Troja wurde nun als ein Produkt der Phantasie des Homer angesehen. Damit wurde der Ort Ilion uninteressant.

Auch die neuen türkischen Herrscher über das Gebiet interessierten sich im späten Mittelalter nicht für Ilion, so dass der Ort verfiel und in Vergessenheit geriet. Im 18. Jahrhundert wusste niemand mehr, wo das inzwischen völlig in einem Hügel verschwundene Ilion genau gelegen hatte.

Allerdings wuchs in Europa im 19. Jahrhundert wieder das Interesse an den Griechen und einige hielten es für möglich, dass Homers Geschichten einen wahren Kern enthalten könnten. Um dies zu beweisen, suchte der deutsche Kaufmann Heinrich Schliemann (1822-1890) nach dem antiken Ilion. 1871 grub er in dem Hügel, der das alte Ilion tatsächlich enthielt. Schliemann fand aber nicht nur die griechisch-römische Stadt, sondern noch darunter verborgene ältere Städte, von denen eine nach Schliemanns Ansicht das Troja Homers sein musste. Dort machte er auch spektakuläre Goldfunde, die als Schatz des Priamos, des Königs von Troja, berühmt wurden. Leider fand sich aber auf keinem der Fundstücke der Name des Priamos oder einer anderen Person aus den Geschichten von Homer.

Genauere Untersuchungen haben gezeigt, dass diese Fundstücke aus der Zeit von ca. 2500 v. Chr. stammten. Das ist viel älter als die ersten archäologischen Nachweise für Griechen. Mit einem Krieg zwischen Griechen und Trojanern hat Schliemanns Schatz des Priamos nichts zu tun.

Allerdings könnte eine der späteren Städte bei Ilion von Griechen zerstört worden sein. Dafür gibt es aber bisher keine Beweise. Nach Schliemann sind noch viele weitere Ausgrabungen in Ilion durchgeführt worden und über die Ergebnisse wird zum Teil sehr kontrovers in der Forschung diskutiert. Die Frage, ob die Geschichten von Homer einen historischen Kern haben, lässt sich daher noch immer nicht sicher beantworten.

Verfassertext

M12 Goldschmuck aus Troja

Sophia, die Ehefrau von Heinrich Schliemann, mit Goldschmuck aus Troja, Foto von 1882.

1. Beschreibe, was die alten Griechen über den Ort Ilion dachten.
2. Erkläre, warum Ilion in Vergessenheit geriet.
3. Beschreibe, was Heinrich Schliemann mit der Troja-Forschung zu tun hat.
4. Erkläre, warum es schwierig ist, mit archäologischen Funden einen historischen Kern der Geschichten von Homer zu beweisen.
5. Das Bild von Sophia Schliemann mit dem Goldschmuck wurde weltberühmt. Überlege, woran das liegen könnte.

5. Die Götter im Alltag der Griechen

M1 Tempel und Opferhandlungen

Für den Kontakt mit den Göttern bauten die Griechen prächtige Tempel. Im Inneren stand in der Regel eine große Statue des Gottes, dem der Tempel geweiht war. Den Giebel und obere Teile der Außenwände zierten Reliefs mit Szenen aus den Mythen. Allerdings fanden die meisten heiligen Handlungen nicht im Tempel statt, sondern an Altären unter freiem Himmel. Hier wurden auch Tiere geopfert. Dazu wurden die Tiere zerlegt und für die Götter oft nur Knochen oder Eingeweide auf dem Altar verbrannt. Das Fleisch wurde von den Menschen genutzt und konnte auch verkauft werden. Nach Ansicht der Griechen erfreuten sich die Götter an dem Rauch des Opferfeuers.

Meist lagen die Altäre unmittelbar vor einem Tempel, so dass bei geöffneten Türen die Statue der Gottheit zuschauen konnte. Zu großen Festen für die Götter gab es oft eine feierliche Prozession der Menschen der Polis zum Altar. Im Tempel oder anderen dafür vorgesehenen Gebäuden wurden Gaben von Menschen an die Gottheit aufbewahrt. Dies konnten Statuen aller Größen, Kleidungsstücke oder auch andere Dinge sein. Mit Opfern und diesen Votivgaben* hofften die Menschen, das Wohlwollen der Götter zu erlangen.

Verfassertext

* Symbolische Opfer

M2 Tempel und Statue für Apollon

Statue des Apollon im Tempel. Ausschnitt von einer Scherbe einer Vase aus Tarent, ca. 390 v. Chr, Allard Pierson Museum Amsterdam, Zeichnung von Isabel Steinbach

1. Erkläre, wie die Griechen Kontakt zu den Göttern hielten.
2. Beschreibe M2 und begründe, warum es sich um einen Tempel für Apollon handelt.
3. Erkläre mit M2, wie die Griechen bei heiligen Handlungen die Götterstatuen eingebunden haben.
4. Die Tempel der Griechen waren bunt bemalt. Vermute, wie das ausgesehen haben könnte, und male das Bild aus.

M3 Opferszene

Darstellung der Vorbereitung eines Tieropfers. Vor der Schlachtung des Tieres wurde Gerste gestreut und das Tier mit Weihwasser bespritzt. Das nasse Tier schüttelte sich dann, was als Zustimmung des Tieres zum Opfer angesehen wurde.

Scherbe von einer Vase aus Athen, ca. 430 v. Chr. Kelchkrater Boston, Museum of Fine Arts, Zeichnung von Isabel Steinbach

M4 Heilung durch den Gott

In Epidauros war ein Heiligtum für den Gott Asklepios, der als Schutzherr der Ärzte heilende Kräfte hatte. Auf einer Stele in seinem Tempel standen Berichte über besondere Heilungen:

Ein stummer Knabe. Dieser kam seiner Stimme wegen ins Heiligtum. Als er das Voropfer dargebracht und die üblichen Riten vollzogen hatte, forderte ihn daraufhin der Knabe, der dem Gott das Feuer bringt, auf zu versprechen, binnen eines Jahres [...] das Dankopfer zu verrichten. Da sagte [der zuvor stumme] Knabe plötzlich: Ich verspreche es! [...] Und hierauf wurde er gesund.

IG IV 12, 121, Übersetzung (leicht bearbeitet): Brodersen, Kai u. a. (Hg.): Historische Griechische Inschriften in Übersetzung II. Darmstadt 1995, S. 88

M5 Die Polis und die Götter

Der in Athen lebende Redner Lysias (450 bis 380 v. Chr.) sagte:

Unsere Vorfahren haben dank der Opfer nach den alten Regeln uns eine Stadt übergeben, die alle anderen Städte in Griechenland an Größe und Wohlstand übertrifft. Wir haben daher die Pflicht die Opfer in der gleichen Weise durchzuführen wie sie, schon allein aus dem Grund, dass diese Opferriten einen solchen Erfolg bewirkt haben.

Lysias 30, 18, Übersetzung: Björn Onken

1. Beschreibe die Opferszene in M3.
2. Erkläre, wie in dem Bericht der Inschrift aus Epidauros Götter und Menschen miteinander umgehen und welchen Nutzen sie jeweils davon haben.
3. Analysiere, welche Bedeutung die Götter nach Ansicht des Redners für die Polis haben und wie ihr Wohlwollen gesichert wird.

M6 Grundriss der Akropolis im 4. Jh. v. Chr.

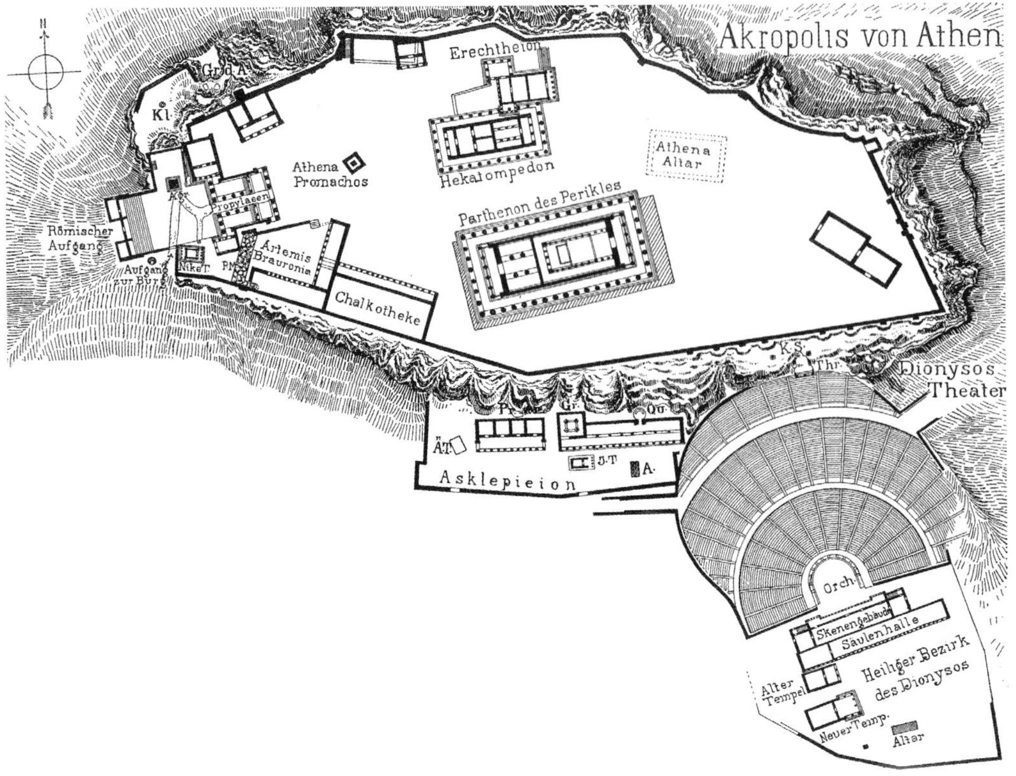

Luckenbach, H.: Abbildungen zur Alten Geschichte, München/Leipzig 1900, S. 25 (bearbeitet)

Erechtheion: Tempel für mythische Helden der Athener

Chalkotheke: Aufbewahrungshalle für wertvolle Weihegaben aus Metall

M7 Akropolis mit Parthenon

Akropolis mit Parthenon-Tempel für Athena, erbaut ca. 447 bis 442 v. Chr. auf Initiative des Politikers Perikles. Woher der Name Parthenon stammt, ist unklar, möglicherweise verweist er auf die Jungfäulichkeit der Göttin. Der Altar der Athena liegt hinter dem Parthenon, da der Altar zu einem älteren Tempel gehörte. Der ältere Tempel wurde im Krieg zerstört, aber der Altar sollte als heilige Stätte nicht verlegt werden.

Foto: milosk50, adobe stock

1. Erstelle eine Liste der Götter, die auf der Akropolis geehrt werden.
2. Erkläre mit Hilfe des Grundrisses der Akropolis, welche der Gottheiten für Athen besonders wichtig war.
3. Die Tempelbauten der Griechen waren nicht nur für die Kontakte der Griechen zu den Göttern gedacht, sondern auch zur Darstellung von Macht und Reichtum der Polis. Begründe diese Einschätzung mit der Akropolis.

6. Das Orakel von Delphi

M1 Wie das Orakel arbeitet

Die Griechen glaubten, dass man Götter bei Orakelstätten um Rat fragen konnte. Die berühmteste Orakelstätte war in Delphi. Hier konnte man Kontakt zu Apollon aufnehmen. Ganz einfach war das allerdings nicht. Zunächst musste man beachten, dass nur an bestimmten Tagen Orakel erteilt wurden. Außerdem musste man sich gründlich reinigen, von den Priestern zugelassen werden und eine Gebühr entrichten. Wenn das alles erfolgreich erledigt war, musste ein Tier geopfert werden. Allerdings war verlangt, dass das Tier freiwillig in den Tod ging. Dazu wurde es mit kaltem Wasser übergossen und das Zittern des Tieres wurde als Zustimmung gewertet.

Nun durfte der Ratsuchende seine Frage an die Pythia, eine Priesterin des Apollon, richten. Ihre Antwort wurde von anderen anwesenden Priestern schriftlich aufgeschrieben. Diese Schriftfassung war vermutlich auch deswegen notwendig, weil die Pythia mitunter für den Orakelsuchenden unverständliche Laute von sich gab, die dann von den Priestern gedeutet wurden.

Das Orakel in Delphi hatte einen guten Ruf, weil sich viele seiner Sprüche bewahrheiteten. Allerdings lag das auch daran, dass die Sprüche oft zweideutig formuliert waren. Ein Beispiel dafür ist der König Kroisos, der das Orakel befragt hatte, ob er das Perserreich angreifen solle. Ihm wurde geantwortet, dass er mit diesem Angriff ein großes Reich zerstören werde. Kroisos fühlte sich bestätigt und begann den Krieg. Als er den Krieg aber verloren hatte, wurde ihm klar, dass er nicht das Perserreich, sondern das eigene große Reich zerstört hatte.

Verfassertext

M2 Orakelspruch

Orakelspruch, der einem unbekannten Vater erteilt wurde, der mit seinem Sohn unzufrieden war:

Dein Sohn wird von seiner Liebesleidenschaft befreit werden, wenn in seinen beschwingten Jugendjahren Aphrodites heißes Liebesfeuer in seinem Herzen niedergebrannt ist. Mildere du nun deinen finster dreinblickenden Groll und höre auf, den Sohn zurückhalten zu wollen. Denn damit erreichst du gerade das Gegenteil von dem, was du anstrebst. Wenn du ganz ruhig und gelassen bist, wird er bald allen Liebeszauber vergessen, wieder vernünftig werden und ablassen von seiner schlimmen Eigenschaft.

Suda, PW 2, Nr. 468, Übersetzung: Giebel, Marion: Das Orakel von Delphi. Geschichte und Texte, Stuttgart, 2001, S. 95

M3 Bestechung?

Der Geschichtsschreiber Herodot (485 bis 425 v. Chr.) berichtet über die athenische Familie der Alkmeoniden, die im 6. Jh. v. Chr. vor dem Tyrannen Peisistratos nach Delphi fliehen musste, Folgendes:

Sie [Alkmeoniden] ließen sich [...] den Bau des heiligen Tempels, der damals noch nicht bestand, übertragen. Da sie reich [...] waren, führten sie den Bau großartiger aus, als der Plan vorschrieb. So nahmen sie zum Bau der Vorderseite Marmor und nicht Porosstein, wie durch den Vertrag abgemacht war.

Die Athener erzählen, die Alkmeoniden hätten während ihres Aufenthalts in Delphi die Pythia bestochen, sie solle alle Spartaner, die in persönlichen Angelegenheiten oder im Auftrag des Staates nach Delphi kämen, um das Orakel zu befragen, zur Befreiung Athens aufrufen. Als die Lakedaimonier [Spartaner] immer wieder denselben Orakelspruch erhielten, sandten sie endlich ein Heer [...] aus.

Herodot 5, 62, Übersetzung: Herodot Historien, übersetzt von A. Horneffer, Stuttgart 1971, S. 352

1. Beschreibe, was man tun musste, um in Delphi einen Orakelspruch zu bekommen.
2. Erkläre, welchen Fehler König Kroisos machte.
3. Diskutiert den Orakelspruch für den unbekannten Vater.
4. Erklärt, mit welchen Strategien die Orakelsprüche verfasst wurden, so dass sie relativ zuverlässig waren.
5. Begründe, wie der Verdacht entstanden ist, dass das Orakel in Delphi bestochen worden ist (M3).

7. Religion und Gemeinschaftsgefühl der Griechen

M1 Religion und Gemeinschaftsgefühl

Im Jahr 479 v. Chr. standen sich in Griechenland ein persisches Heer und die Streitmacht einer Allianz von griechischen Städten gegenüber. Der persische Heerführer Mardonios machte den Athenern ein Angebot, die Fronten zu wechseln, was diese aber ablehnten. Anschließend wandten sich die Athener an die mit ihnen verbündeten Spartaner (Lakedaimonier). Der griechische Historiker Herodot (ca. 485 bis 425 v. Chr.) legt ihnen hierfür folgende Worte in den Mund:

Es ist menschlich, dass die Lakedaimonier fürchten, wir könnten uns mit dem Perserkönige verständigen. Trotzdem solltet ihr euch eurer Furcht schämen, da ihr die Gesinnung Athens kennt. Nirgends in der Welt gibt es soviel Gold, [...] dass wir um dessentwillen persisch werden und Hellas* in die Sklaverei bringen würden. Vieles [...] verbietet uns das. [...] Erstens und hauptsächlichst die niedergebrannten und zerstörten Götterbilder und Tempel, für die wir blutigste Rache üben müssen, ehe wir uns mit dem Manne, der das getan, versöhnen können; ferner die Bluts- und Sprachgemeinschaft mit den anderen Hellenen**, die Gemeinsamkeit der Heiligtümer, der Opferfeste und Lebensweise.

Herodot 8, 144, Übersetzung: Herodot Historien, übersetzt von A. Horneffer, Stuttgart 1971, S. 581

* Griechisches Wort für das Gebiet der Griechen
** Bewohner von Hellas

1. Suche Stellen im Text, wo die Religion eine Rolle spielt.
2. Beschreibe die Bedeutung von Religion als Begründung für Kampfhandlungen.
3. Erkläre, was die Athener als Grundlage des Gemeinschaftsgefühls der Griechen empfinden.

M2 Herodot in Olympia

Der Satiriker Lukian beschreibt im 2. Jh. n. Chr., was Herodot in Olympia gemacht haben soll.

Da [...] überlegte er [...] wie er es anzufangen hätte, um sich selbst und seine Schriften mit dem wenigsten Aufwande [...] so bekannt und berühmt zu machen, als es nur immer möglich wäre. Von einer Stadt zur anderen herumzureisen und seine Werke jetzt den Athenern, dann den Korinthern, Argivern und Lakedaimoniern [...] vorzulesen, war zu mühsam und hätte viele Zeit gekostet. [...] Glücklicherweise für ihn kam damals eben die Zeit der großen Olympischen Spiele, und wie hätte er sich eine bequemere Gelegenheit zu seinem Vorhaben wünschen können? Er richtete also seinen Lauf gerade nach Olympia, und an einem Tage, wo die Versammlung sehr zahlreich und die vornehmsten und berühmtesten Männer aus allen Teilen Griechenlands beisammen waren, trat er auf der Terrasse hinter dem Tempel Jupiters* nicht als Zuschauer, sondern als Mitkämpfer auf, sang seine Geschichte ab und bezauberte die Anwesenden in einem [...] hohen Grade, [...] Eine natürliche Folge hiervon war, dass der Name Herodot noch allgemeiner bekannt wurde als die Namen der olympischen Sieger selbst: denn es war niemand, der ihn nicht entweder zu Olympia mit eigenen Ohren oder doch aus dem Munde derer, die von da zurückkamen gehört hätte.

Lukian, Herodot oder Aetion, 1 f.; Übersetzung: Lukian, Werke, Bd. 2, hrsg. von Jürgen Werner und Herbert Greiner-Mai, Berlin und Weimar 1974, S. 196f.

* Lukian schreibt in römischer Zeit und nennt daher den römischen Namen von Zeus.

M3 Plan von Olympia

Heute sind die Olympischen Spiele allgemein bekannte Sportwettkämpfe. Bei ihren griechischen Vorläufern war der Sport allerdings nur ein Teil eines gemeinsamen religiösen Festes der Griechen.

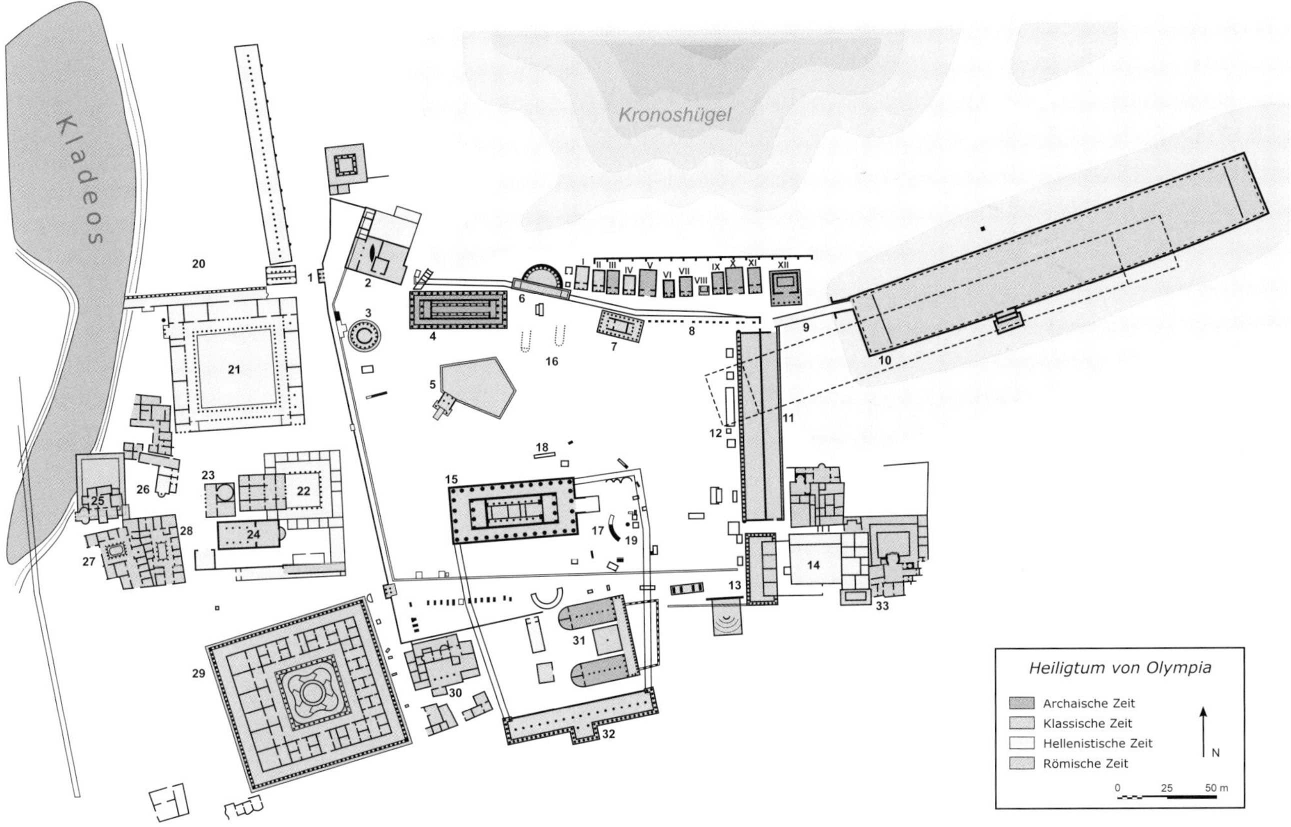

1: Nördostliche Propylon
2: Prytaneion
3: Philippeion
4: Heraion
5: Pelopion
6: Nymphaion des Herodes Atticus
7: Metroon
8: Zanes
9: Krypta (gewölbter Durchgang zum Stadium)
10: Stadion
11: Echohalle bzw. Stoa Poikile
12: Gebäude des Ptolemaios II. und Arsinoe
13: Stoa der Hestia
14: Hellenistische Gebäude
15: Tempel des Zeus
16: Altar des Zeus
17: Ex-voto der Achaier
18: Ex-voto des Mikythos
19: Nike von Paionios
20: Gymnasion
21: Palaestra
22: Theokoleon
23: Heroon
24: Werkstatt des Phidias und frühchristliche Basilika
25: Thermen des Kladeos
26: Griechischen Thermen
27 und 28: Herbergen
29: Leonidaion
30: Südlichen Thermen
31: Bouleuterion
32: Südliche Stoa
33: Villa des Nero

1. Erstelle eine Liste aller Tempel und Sportstätten in Olympia.
2. Untersuche, ob die Sportstätten oder die Tempel die zentralere Lage haben.
3. Erkläre, wie sich Herodot nach Lukians Bericht bei vielen Griechen bekannt machte. Welche Folgerungen für die Bedeutung Olympias ergeben sich daraus?

8. Griechische Götter in Rom

M1 Bedeutung der griechischen Götter für die Römer

Als Rom im 3. Jh. v. Chr. immer mächtiger wurde, gerieten auch die Griechen in Italien unter römische Herrschaft. Am Ende des 2. Jhs. v. Chr. umfasste das Reich der Römer auch das griechische Mutterland. Die römischen Eroberer haben den Unterworfenen aber weitgehende Freiheit in kulturellen und religiösen Dingen belassen. Von der griechischen Kultur haben die Römer sogar vieles übernommen. Unter anderem haben sie römische Götter mit Eigenschaften von griechischen Göttern versehen. Schließlich konnte man einige Hauptgötter der Römer kaum noch von entsprechenden griechischen unterscheiden. Nur die Namen blieben mit einer Ausnahme immer römisch.

Verfassertext

M2 Römische und griechische Götter

Römischer Gott	**Griechischer Gott**	**Eigenschaften**
Jupiter		Himmelsgott, Herr über Blitze
Juno		Ehefrau vom Himmelsgott
Neptun	Poseidon	
Pluto		Gott der Unterwelt
Apoll	Apollon	
Minverva	Athene	
Ceres		Schutz des Ackerbaus
Diana		Göttin der Jagd
Mars		Kriegsgott
Venus	Aphrodite	
Merkur		Götterbote
Bacchus		Gott des Weins
Vulcan		Gott der Schmiedekunst

M3 Rückseite der 10 Cent Münze aus Italien, 2002

1. Vervollständige die Tabelle M2.
2. Finde heraus, was auf der Münze M3 abgebildet ist.

M4 Rom in der griechischen Mythologie

Rom verband sich auch mit der griechischen Mythologie. Der Senator Marcus Valerius Messala Corvinus (64 v. Chr. bis 8 n. Chr.) beschrieb in einer Schrift für Kaiser Augustus, wie man sich die Verbindung zur griechischen Mythologie vorstellte. Besondere Bedeutung hatte dabei Aeneas, der mit seinem alten Vater und seinem Sohn Ascanius aus Troja floh.

Assaracus* zeugte den Capys, Capys den Anchises, Anchises den Aeneas, Aeneas den Ilus mit Beinamen Ascanius, [...] Dieser heißt auch Julus, und von ihm stammt das Julische Geschlecht ab**, woher mein gnädigster Kaiser, der Name deiner Familie kommt. [...]

Die griechischen Könige ergriffen ihre Waffen, belagerten [...] zehn Jahren lang Troja, eroberten und zerstörten es. Zwei vornehmen Trojanern erlaubten die Griechen die Flucht. Diese waren Aeneas und Antenor. Sie hatten immer zur Rückgabe der Helena und zum Frieden geraten. [...] Aeneas durchfuhr die griechischen Gewässer [...] Er landete an der Mündung des Tiber in Italien. [...] Über die Menschen dieser Region herrschte damals der König Latinus. [...] Der König gab seine Tochter Lavinia dem Anführer der Trojaner zur Frau. [einer der Nachkommen des Aeneas war der mythische Gründer der Stadt Rom: Romulus].

M. Valerius Messalla Corvinus, Das Geschlecht des Octavianus Augustus, 7 und 8-13, Übersetzung: Björn Onken

* Trojanischer Prinz

** Das Julische Geschlecht war die Familie von Julius Caesar, der Gaius Octavius, den späteren Augustus, adoptiert hatte.

M5 Dramatischer Moment

Agostino Carracci, 1595

1. Erkläre mit Hilfe des Textes M4, welche Verbindung der Trojaner Aeneas mit Rom und der Familie des Julius Caesar gehabt haben soll.
2. Beschreibe M5 und nenne Ereignisse griechisch-römischer Mythen, die hier dargestellt sind.
3. Finde heraus, was die Trajansäule und der Tempietto von Bramante mit dem Bild M5 zu tun hat.

Literatur

Arand, Tobias/Vössing, Konrad: Antike im Unterricht. Das integrative Potential der Alten Geschichte für das historische Lernen, Schwalbach/Ts. 2017.

Grant, John/Hazel, John: Lexikon der antiken Mythen und Gestalten, München 1987.

Price, Simon: Religions of the Ancient Greeks, Cambridge 1999.

Powell, Barry B.: Einführung in die klassische Mythologie, Stuttgart 2009.

Rosenberger, Veit: Griechische Orakel. Eine Kulturgeschichte, Darmstadt 2001.

Rosenberger, Veit: Religion in der Antike, Darmstadt 2012.

Rüpke, Jörg/Rüpke, Ulrike: Götter und Mythen der Antike. Die 101 wichtigsten Fragen, München 2010.

Sinn, Ulrich: Olympia. Kult, Sport und Fest in der Antike, München 1996.

Ulf, Christoph/Rollinger, Robert (Hg.): Lag Troia in Kilikien? Der aktuelle Streit um Homers Ilias, Darmstadt 2011.

Unger, Steffen: Klassische Mythologie, Stuttgart 2016.

Zimmermann, Martin (Hg.): Der Traum von Troia. Geschichte und Mythos einer ewigen Stadt, München 2006.

Lösungen

Seite 5:
Begriffe in korrekter Reihenfolge: Zeus, Ehe, Poseidon, Athene, Aphrodite, Leier, Götterbote, Feuer, Artemis, Ackerbau, Ares, Hades

Seite 6:
Begriffe in korrekter Reihenfolge: Zeus, Adler, Blitzen, Diadem, Ehe, Poseidon, Athene, Aphrodite, Spiegel, Leier, Götterbote, Flügel, schönen Künste, Feuer, Artemis, Ackerbau, Apollon, Ares, Hades